Inhalt

Gläubigerschutz - Sollte die bilanzielle Kapitalerhaltung durch einen Solvenztest ersetzt werden?

Kernthesen

Beitrag

Fallbeispiele

Weiterführende Literatur

Impressum

Gläubigerschutz - Sollte die bilanzielle Kapitalerhaltung durch einen Solvenztest ersetzt werden?

A. Kaindl

Kernthesen

- Der institutionelle Gläubigerschutz durch eine bilanzielle Kapitalerhaltung wird zurzeit von der Europäischen Kommission in Frage gestellt.
- Alternativ zur bisherigen bilanziellen Ausschüttungsbegrenzung durch eine vorsichtige Bilanzierung wird ein Solvenztest diskutiert.

- Es hätte viele Vorteile, wenn der Solvenztest auf der Basis des IFRS-Abschlusses erstellt werden könnte.
- Es könnte bspw. die Qualität des Solvenztests im Nachhinein überprüft werden.

Beitrag

Kann ein nach den internationalen Rechnungslegungsvorschriften IFRS erstellter Einzelabschluss die Grundlage für die Ermittlung der Dividende sein kann?

Gläubigerschutz durch bilanzielle Kapitalerhaltung und die Forderung nach seiner Abschaffung

Es stellt sich die Frage, ob ein auf der Grundlage der IFRS erstellter Einzelabschluss zur Ermittlung der Dividendenhöhe dienen kann. Kritiker beantworten diese Frage mit nein. Sie befürchten, dass ein Einzelabschluss, der nach den IFRS-Vorschriften erstellt wurde, den Gewinn tendenziell zu hoch ausweist und es damit zur Ausschüttung nicht realisierter Überschüsse an die Gesellschafter und zum Substanzverzehr im Unternehmen kommt. (2)

Allerdings wird, insbesondere von den Unternehmen gefordert, die kostenträchtige doppelte Bilanzierung nach dem deutschen Handelsgesetzbuch (HGB) und den IFRS abzuschaffen und den Einzelabschluss auch nach IFRS zuzulassen. Bislang müssen kapitalmarktorientierte Unternehmen ihren Konzernabschluss nach IFRS erstellen, im Einzelabschluss aber weiterhin nach dem HGB bilanzieren. (2)

Auch das Institut der Wirtschaftsprüfer (IDW) hat sich für eine Weiterentwicklung des derzeit geltenden gesetzlich vorgeschriebenen Mindestkapitals für die Unternehmen ausgesprochen, die IFRS im Jahresabschluss anwenden. Allerdings muss der Gläubigerschutz durch einen zusätzlich durchzuführenden liquiditätsorientierten Solvenztest gewahrt bleiben. (1)

In Deutschland ist der Gläubigerschutz im Handelsrecht verankert. Die Gläubiger werden durch ein gesetzliches Mindestkapital sowie durch eine vorsichtige und objektivierte Gewinnermittlung geschützt. Das Mindestkapital stellt dauerhaftes und dem Unternehmen grundsätzlich nicht entziehbares

Vermögen dar. Das Vorgehen bei der Gewinnermittlung soll eine bilanzielle Kapitalerhaltung gewährleisten. (1)

Vor- und Nachteile eines Solvenztests

In der Europäischen Kommission wird zurzeit diskutiert, ob der Gläubigerschutz mittels einer bilanziellen Kapitalerhaltung durch einen liquiditätsorientierten Solvenztest ersetzt werden sollte. (1)

Von großem Vorteil wäre, wenn der Solvenztest auf der Basis des IFRS-Abschlusses erstellt werden könnte. Dies würde gewährleisten, dass die Qualität der Cashflow-Prognosen zuverlässig und wirtschaftlich geprüft werden kann. (1)

Zudem sollte der Solvenztest prüfungspflichtig sein, um die Wahrscheinlichkeit zu reduzieren, dass das Management das Ergebnis des Solvenztests gezielt beeinflusst. (1)

Die Einführung eines Solvenztests ist mit folgendem Nachteil verbunden: Die bilanzielle Kapitalerhaltung wird durch Ausschüttungssperren auf der Basis prognostizierter Daten ersetzt. Dies wird tendenziell eine weniger objektivierte Ausschüttungsgrenze zur Folge haben. Die bilanzielle Kapitalerhaltung erfolgt auf Basis von Zahlen der Vergangenheit. Ein Solvenztest wird auf Basis für die Zukunft prognostizierter Daten durchgeführt. Daraus ergibt sich die Gefahr, dass das Management den maximal zulässigen Ausschüttungsbetrag stärker in seinem Sinne beeinflussen kann wie bei der bilanziellen Kapitalerhaltung. (1)

Ein paar allgemeine Aussagen zum Solvenztest

Der liquiditätsorientierte Solvenztest basiert auf einer Analyse der künftigen Liquiditätssituation des Unternehmens. Mit dem Solvenztest wird vor der geplanten Ausschüttung eines bestimmten Betrags geprüft, ob durch diese geplante Ausschüttung künftig eine Zahlungsunfähigkeit droht. Unzulässig ist eine Ausschüttung dann, wenn sie die Zahlungsunfähigkeit des Unternehmens auslöst. Es wird überprüft, ob die Gesellschaft trotz der geplanten Ausschüttung für einen bestimmten Zeitraum in der Zukunft über ausreichende liquide Mittel verfügt, um potenziellen Zahlungsverpflichtungen nachzukommen.

Diskutiert wird auch, den Solvenztest noch durch einen Bilanztest zu ergänzen, nach diesem darf nur ausgeschüttet werden, wenn nach der Ausschüttung die Vermögensgegenstände die Verbindlichkeiten übersteigen. (1)

Der Fokus des Solvenztests liegt auf der Prognose der zukünftigen Zahlungsströme. Derartige Prognosen mindern allerdings tendenziell die Zuverlässigkeit aufgrund zahlreicher Unsicherheitsquellen, bspw. bzgl. der Konjunktur- und Branchenentwicklung und der Ermessensspielräume des Erstellers des Solvenztests. (1)

Solvenztests in den USA

Solvenztests haben in den USA eine lange Tradition. Im Rahmen des bankruptcy tests wird anhand von Bilanzdaten geprüft, ob das Unternehmen überschuldet ist. Wenn die bilanzierten Schulden die bilanzierten Vermögenswerte übersteigen, gilt das Unternehmen nach diesem Test als insolvent. Beim equity insolvency test geht es darum, ob das Unternehmen zahlungsunfähig wird, was regelmäßig mit Hilfe von Plan-Gewinn- und Verlustrechnungen bzw. Plan-Zahlungsstrom-Rechnungen überprüft wird. (1)

Wie könnte ein Solvenztest nach europäischen Recht aussehen?

Um die Ermessensspielräume bei der Erstellung des Solvenztests zu reduzieren, müssen die Unternehmen eine normierte Anweisung erhalten, wie der Solvenztest durchzuführen ist.

Die Plan-Bilanz und die Plan-Gewinn- und Verlustrechnung sollten auf der Basis der nach den IFRS ermittelten Wertansätzen erstellt werden.

Bei der Erstellung des Solvenztests könnte auf die Ausweisregelungen des IAS 7 "Cash Flow Statements" zurückgegriffen werden. Von großem Vorteil bei diesem Vorgehen wäre, dass die Ergebnisse der nach IFRS verpflichtenden Kapitalflussrechnung und des Solvenztests vergleichbar wären. Wird der Solvenztest analog zu den Regelungen des IAS 7 durchgeführt, kann die Qualität des Solvenztests im Nachhinein überprüft werden. Dabei sind lediglich die Zahlungsstrom-Prognosen für den Solvenztest für einen bestimmten Zeitraum mit den tatsächlichen

Jahresabschlusszahlen für diesen Zeitraum zu vergleichen. Eine langfristig orientierte Unternehmensführung wird an einer hohen Qualität des Solvenztests interessiert sein, da sie sonst bei großen Plan-Ist-Abweichungen mit Sanktionen rechnen muss.

Der Solvenztest sollte das laufende und das folgende Jahr umfassen. Bei einem größeren Prognosezeitraum als zwei Jahre ist eine hinreichend zuverlässige Prognose der künftigen Zahlungsströme regelmäßig nicht mehr möglich.

Die Unternehmensleitung sollte eine Solvenzerklärung abgeben. In dieser erklärt sie, dass das Unternehmen auch nach der geplanten Ausschüttung weiterhin in der Lage ist, seine Zahlungsverpflichtungen fristgerecht zu erfüllen.

Börsennotierte Gesellschaften sollten zusätzlich zum Solvenztest dazu verpflichtet werden, ein externes Rating eines unabhängigen Kreditinstituts oder einer unabhängigen Ratinggesellschaft über die Unternehmensbonität zu veröffentlichen. (1)

Fallbeispiele

Ein nach den IFRS erstellter Jahresabschluss ist grundsätzlich geeignet, als Grundlage für die Bemessung der Ausschüttungshöhe zu dienen. Allerdings kann es in Einzelfällen zu derart hohen Ausschüttungen kommen, dass der Fortbestand des Unternehmens gefährdet wird. Daraus ergibt sich die Notwendigkeit von Sicherungsmaßnahmen, wie bspw. ein Solvenztest. Zu diesem Ergebnis kommt eine Studie der Wirtschaftsprüfungsgesellschaft KPMG, die im Auftrag der Europäischen Kommission erstellt wurde. Im Rahmen der Studie wurden die Kapitalerhaltungssysteme in den fünf EU-Staaten Deutschland, Frankreich, Großbritannien, Polen und Schweden analysiert sowie in den vier Nicht-EU-Ländern USA, Kanada, Australien und Neuseeland. Der Studie kann entnommen werden, dass 17 der 27 EU-Staaten die Verwendung von IFRS-Abschlüssen zur Bestimmung von Ausschüttungen erlauben. Acht der 17 EU-Staaten verlangten Anpassungen der IFRS-Jahresüberschüsse, um die Ausschüttung zu bestimmen. [2]

Weiterführende Literatur

[1] Gläubigerschutz durch Solvency Tests auf der

Basis eines IFRS-Abschlusses
aus Kapitalmarktorientierte Rechnungslegung, Heft 2 vom 5.2.2008, Seite 79 - 88

(2) "IFRS-Bilanzen für Ausschüttungszwecke geeignet" KPMG-Studie: Kombination mit Solvenztest empfohlen - Sonst in Einzelfällen zu hohe Dividenden
aus Börsen-Zeitung, 05.02.2008, Nummer 24, Seite 13

Impressum

Gläubigerschutz - Sollte die bilanzielle Kapitalerhaltung durch einen Solvenztest ersetzt werden?

Bibliografische Information der deutschen Nationalbibliothek

Die Deutsche Nationalbibliothek verzeichnet diese Publikation in der deutschen Nationalbibliografie; detaillierte bibliografische Daten sind im Internet über http://dnb.d-nb.de abrufbar.

ISBN: 978-3-7379-1361-4

© 2015 GBI-Genios Deutsche Wirtschaftsdatenbank GmbH, Freischützstraße 96, 81927 München, www.genios.de

Alle Rechte vorbehalten. Dieses Werk ist einschließlich aller seiner Teile – z.B. Texte, Tabellen und Grafiken - urheberrechtlich geschützt. Jede Verwertung außerhalb der Grenzen des Urheberrechtsgesetzes bedarf der vorherigen Zustimmung des Verlags. Dies gilt insbesondere auch für auszugsweise Nachdrucke, fotomechanische

Vervielfältigungen (Fotokopie/Mikroskopie), Übersetzungen, Auswertungen durch Datenbanken oder ähnliche Einrichtungen und die Einspeicherung und Verarbeitung in elektronischen Systemen.